Heinrich Herlyn

# Teeologie

Gedichte aus zehn Jahren
(2005 – 2014)

## Impressum

Herausgeber: Canto -Verlag für Chormusik
www.canto-chormusik.de

© 2024 Heinrich Herlyn
Verlag: BoD • Books on Demand GmbH, In de Tarpen 42, 22848 Norderstedt
Druck: Libri Plureos GmbH, Friedensallee 273, 22763 Hamburg

Neuauflage Aurich 2024
Canto – Verlag für Chormusik

ISBN: 978-3-7583-2981-4

Willst du ins Unendliche schreiten, geh im Endlichen
nach allen Seiten.
*(Johann Wolfgang Goethe)*


Vielleicht versteht man, dass der liebste Buchstabe der
Ostfriesen der Buchstabe T ist und dass sie von den
Forderungen der französischen Revolution sich
besonders angesprochen fühlen durch das Wort Liberté,
das sie verstehen als "lieber Tee".
*(Gerrit Herlyn: Ostfriesland, wo liegt denn das? Ein
humorvoller Reiseführer)*


Tee is Salv för de Liev.
*(ostfriesische Redensart)*

In dankbarer Erinnerung an meinen Vater, der mir die Leidenschaft für Sprache und Ostfriesentee vererbt hat.

Ein weiterer Dank gilt den Künstlern Daniel Jelin und Ricardo Fuhrmann, welche die beiden Illustrationen im Sommer 2014 eigens für diesen Gedichtband angefertigt haben.

# INHALT

## Teeologie

## Vom Dichten

## Die zwölf Monate

## Ode an ein Gemüse

## Unsre Zeit

## Deutscher Spaziergang

## Gute Zeiten für Bankräuber

## Was Kinder brauchen

## Tierliebe

## Teeologie

Hörst du wie der Kluntje knistert
und der Wasserkessel wispert?

Riechst du schon den Rausch von Düften
in den morgendlichen Lüften?

Siehst du Sahnewölkchen schweben
golddurchwirkte Muster weben?

Schmeckst du nun mit Zungenkraft
bittersüßen Zaubersaft?

Fühlst du endlich ein Behagen
tief in dir in deinem Magen?

Höher noch steigt der Genuss,
gibt die Holde dir 'nen Kuss.

## Zaubertrank

In der frühen Morgenstunde
- Kater Oskar macht die Runde -
sitz' ich draußen auf der Bank,
sag dem Leben meinen Dank.

Lausche auf der Vögel Singen,
lass den Morgen in mir klingen.
Meine Holde ruht noch brav
in den Kissen, trinkt den Schlaf.

In der Küche auf dem Herde
köchelt Tee, so braun wie Erde.
Endlich ist es dann so weit:
Jetzt kommt Zauber Trankes Zeit.

Lieblich schweben weiße Wolken,
aus 'nem heil'gen Tier gemolken.
Süß zerknistert ein Kristall,
dieser Klang ist Götterschall.

Und du fühlst dich wie ein Meister,
denn der Trank weckt alle Geister.

## Genuss am Morgen

Kluntjes knistern
Wasser wispern
Wolken schweben
Düfte weben
Lippen lecken
Zungen schmecken
Rinnsale fließen
Gaumen genießen

## Liebeserklärung am Teetisch

Du hübsche kleine Kecke,
komm raus aus deiner Ecke!
Ich möchte dich vernaschen.

Du allerliebster Schlingel,
du zuckersüßer Kringel!
Ich werde dich jetzt haschen.

Ich werde Dich nun packen
und mit Genuss zerknacken:
Ach, du Rosinenschnecke!
Mit Liebe bist gebacken!

## Die erste Tasse

Wenn die Träume kaum verschollen
und die Augen noch verquollen,
wenn Gedanken schwer sich denken
und es knackt in den Gelenken,

wenn man sucht nach Sehprothesen,
die man braucht zum Zeitunglesen,
wenn selbst sanfte Klänge stören
und man mag kein Radio hören,

wenn man also sich erhoben
hat aus seinem warmen Koben
mit dem Beine ganz verkehrt
und die Welt deshalb nur stört,

dann hilft keine Zauberfee,
dann hilft nur ein Tässchen Tee.

## Heiß und kalt

Heiß brennt Südafrikas Sonne
auf Tambourskloofs Dächer nieder,
doch ich singe in der Schule
unverdrossen meine Lieder.

Glühend heiß ist's im Toyota,
wenn ich mittags ihn erklimme
und auf steil gewund'nem Pfade
heimwärts bis nach Camps Bay trimme.

Meistens wartet schon die Holde
mit dem Zaubertrank am Pool.
Schnell gleit' ich ins kühle Nass:
Tee im Pool ist einfach cool.

## Ritual

Wenn die Spinnen Fäden spinnen,
dann mag ich den Tag beginnen.
An den Fäden glänzt noch Tau
und die Luft ist kühl und blau.

In den Bäumen lärmen Spatzen,
schimpfen über Nachbars Katzen.
Ich sitz' auf der Gartenbank,
schlürfe meinen Zaubertrank.

Raschelnd wend' ich Zeitungsseiten,
lass den Blick darüber gleiten,
les' wie 's zugeht in der Welt,
in der Reichtum alles zählt.

Dort auf meiner Gartenbanke
sage ich mal wieder Danke.

**Vogelnest**
*(Heinrich Heine gewidmet)*

Mein Kopf ist ein zwitscherndes Vogelnest,
so las ich bei Freund Heine.
Ich möchte diesen Satz versteh'n,
drum schreib ich ihn ins Reine.

Ich denke nach bei Tag und Nacht
und als die Hähne krähen,
ja, als die Morgensonne scheint,
da kann ich ihn verstehen.

Die Amsel flötet gar so süß
und mir kommt die Erkenntnis:
Der Satz, Freund Hein, trifft dich und mich.
Vorbei ist die die Verblendnis.

Ich mach mir eine Tasse Tee
und leg die Stirn in Falten.
Ich denke weit, ich denke tief:
Der Satz soll sich entfalten.

In meinem Kopf da brüte ich
- das kann ich nun verstehen -
so manch Gedankenküken aus,
das fängt bald an zu krähen.

Doch manchmal gibt's ein Kuckucksei,
das ist der Hauptgedanke.
Die andren Küken fliegen raus,
das ist des Denkens Schranke!

## Vom Dichten

Es war einmal ein Göttergatte,
der oftmals Lust zum Dichten hatte.
Doch als ihn küssten einst die Musen,
da wollt die Göttergattin schmusen.

Der Göttergatte war im Zwist,
weil er die Reime schnell vergisst.
Er sprach zu sich: Bedenk', die Liebe
gab deinen Reimen oftmals Schübe.

Drauf gab er sich der Gattin hin
und sinnentrückt war schnell sein Sinn.
Doch während ihrer Liebesspiele,
da dachte er Gedichte viele.

## Leidenschaften

Das ist der böse Sisyphus,
wer kennt ihn nicht den Überdruss?
Man rollt den Stein so manchen Tag,
den man schon nicht mehr rollen mag.

Bekannt ist auch der Tinnitus,
er macht sehr vielen viel Verdruss.
Man hört ein Summen, Brummen, Pfeifen,
es ist wie inn'res Ohrenkneifen.

Sehr schmerzhaft ist der Hexenschuss,
er kommt und geht meist ohne Gruß.
So plötzlich wie er uns gefunden,
ist er zum Glück auch oft verschwunden.

Hingegen ist der Musenkuss
willkommen und verschafft Genuss.
Zwar kommt er meistens nur bei Nacht,
doch ist er eine Himmelsmacht.

## Blaues Gedicht

Blau ist die Farbe der Wunderblume.
Blau ist die Farbe von Himmel und Meer.
Blau sind die Flügel so mancher Träume,
Träume so leicht und Träume so schwer.

Blau ist Musik, wenn sie polyphon.
Blau ist der Montag und blau ist die Trauer.
Blau sind der Ozean und das Ozon.
Blau ist die Wolke beim Regenschauer.

Blau sind die Schatten der Abendsonne,
blau wie die Augen in deinem Gesicht.
Blau deine Küsse und blau meine Wonne,
wenn du belohnst mich für dieses Gedicht.

## Das Korsett
*(zu Goethes „Das Sonett")*

Soll Endung sich auf Endung reimen,
so fand einst Johann Wolfgang Goethe,
dann mag der Dichter nicht gern leimen,
selbst wenn er leidet Reimesnöte.

So möcht' er selbst in künstlichen Sonetten,
in sprachgewandtermaßen kühnem Stolze
sich stets bequem und selbstzufrieden betten
und schnitzen gern den Vers aus ganzem Holze.

Doch manchmal scheint es mir extrem,
wie er die Sätze staucht und biegt,
sie knetet, formt als wär'n sie Lehm

bis die Grammatik endlich unterliegt
und Schluss und endlich das Poem
dem Willen sich des Meisters fügt.

21

## Dichterlohn

Wenn vom Tau noch glänzt der Garten
und getreue Schuhe warten,
gold'ne Sonnenstrahlen wärmen,
in der Ferne Autos lärmen,

Vögel zwitschern, Spechte hämmern,
Schwänze wedeln an den Lämmern,
sich im Winde Äste biegen,
Blätter auf den Wegen liegen,

Morcheln stinken, Farne winken,
Kröten aus den Pfützen trinken,
geh ich raus in die Natur,
begebe mich auf Walking-Tour.

Wenn im Takt mich Schritte wiegen,
himmelwärts Gedanken fliegen,
Wort an Wort fügt sich zum Paar,
Reim zu Reim so wunderbar.

Kehr ich dann ins Haus zurück,
bring ich mit ein Dichter-Stück:
Warme Arme, Mundgeschmuse
gibt es nun von meiner Muse.

Und als weit'rer Dichterlohn
wartet auch das Frühstück schon.

## Januar

Wenn an Hängen und auf Hügeln
Schlitten mit den Kufen bügeln,
auf den Teichen oder Seen
Schlittschuhläufer Runden dreh'n,

wenn bei schnellen Schneeballschlachten,
bei den harten und den sachten,
Alt und Jung mit viel Vergnügen
sich nur so zum Spaß bekriegen,

wenn beim Rutschen und beim Rodeln
sogar die Ostfriesen jodeln
und fromm, fröhlich, frei beim Ski
auch der Heide beugt das Knie,

dann nennt man dies Januar.
Kinder, der ist wunderbar!

## Februar

Wenn die Tage länger werden
und es mindern sich Beschwerden
- sogar erste Blumenglöckchen
zeigen zaghaft ihre Röckchen -

wenn am Rhein in allen Städten
Narren feiern ihre Feten
und ganz heimlich und besoffen
auf ein Winterende hoffen,

wenn Herr Winter dann mit Macht
kehrt zurück in weißer Pracht
und serviert mit Eis und Frost
noch mal seine harte Kost,

zeigt der kurze Februar,
dass die Hoffnung eitel war.

## März

Wenn die Vögel wieder singen,
Blüten bunt ins Auge springen
und in früher Frühlingssonne
Katzen wärmen sich voll Wonne,

wenn die Menschen nicht mehr niesen,
zart ergrünen fahle Wiesen
und die Bäche nun statt Gräue
spiegeln wider Himmelsbläue,

wenn die Igel folgen Trieben,
manche plötzlich sich verlieben
und sogar die Weinbergschnecken
sich mit ihren Fühlern necken,

dann sing ich für Claudia:
Veronika, der Lenz ist da!

## April

Wenn die Menschen sich besuchen
und die Kinder Eier suchen,
wenn man mit viel Rauch und Feuer
droht dem Winter-Ungeheuer,

wenn sich nach den Ostertagen
Vögel um die Bäume jagen
und an den noch kahlen Bäumen
Knospen von der Blüte träumen,

wenn so mancher Regenbogen
„Ätsch!" sagt, denn er hat gelogen,
und nach Sonnenschein und Regen
wieder Schnee und Hagel fegen,

wenn er macht, was er so will,
heißt der Monat schlicht April.

**Mai**
*(für Paula, 13.5.2008)*

Wenn die Sonnenstrahlen prahlen,
sich auf grünen Wiesen aalen
und die Wolken hoch im Blauen
watteweiß nach unten schauen,

wenn die Bienen sinnlich summen,
wie berauscht in Blüten brummen
und des Flieders volle Düfte
schwankend schweben durch die Lüfte,

wenn die Amseln lauthals singen,
freche Frösche fröhlich springen
und die Knospen an den Bäumen
ganz verzückt von Wärme träumen,

dann weißt du, ein neues Leben
wird dir stets im Mai gegeben.

## Juni
*(für Jannika, 28.6.2008)*

Wenn das Maß der Zeitenwaage
neigt sich tief zum Sommertage
und der Mond noch morgens schwebt,
sanft sein Licht ins Blaue webt,

wenn die Beeren rötlich winken,
Hummeln trunken Nektar trinken,
grüne Hecken üppig necken
und dich Vögel früh schon wecken,

wenn die Kinder lärmend baden,
sich Gewitter roh entladen,
Ameisen die Läuse melken
und die Fliederblüten welken,

dann, mein Kind, ist das die Zeit
da die Welt für dich bereit.

## Juli

Wenn Europas Völker wandern
von dem einen Ort zum andern
und im Stau auf Deutschlands Straßen
Eltern ihre Kids bespaßen,

wenn die rheinischen Vandalen
sich an Frieslands Stränden aalen
und auch umgekehrt die Friesen
gern goutier'n des Südens Brisen,

wenn am Abend Bratwurstdüfte
schweben durch die lauen Lüfte
und in Bädern oder Kuhlen
sich daheim Geblieb'ne suhlen,

ja, dann ist es Urlaubszeit.
Stets im Juli ist's so weit.

## August

Wenn die Heckenscheren surren,
Rasenmäher, Trimmer knurren,
Kärcher wummern, Schredder häckseln,
Gärtner an den Beeten drechseln,

wenn sie mulchen oder mähen,
Pflanzen pflegen, Steine drehen,
Hölzer schneiden, Zäune streichen,
mit dem Nachbarn sich vergleichen,

wenn dann an bestimmten Tagen
sie ihr Reich zu öffnen wagen,
um voll Stolz zu präsentieren,
was bei ihnen mag florieren,

dann, oh Freund der Gartenlust,
haben wir wohl den August.

## September

Wenn rot und blau die Beeren reifen
und die Blätter zeigen Streifen,
wenn weiß-grau frühe Nebelschwaden
dunstig schweben über Pfaden,

wenn es kühl wird, früher dunkelt
weil die Sonne kürzer funkelt,
und der helle Morgentau
glitzert feucht auf grüner Au,

wenn so ein Gefühl von Trauer
liegt ganz plötzlich auf der Lauer,
weil wir fühlen und auch sehen,
dass die Sommertage gehen,

spür'n wir voll Melancholie
die September-Elegie.

**Oktober**
*(für Claudia, 19.10.2013)*

Wenn die Tage sich verkürzen,
windgewaltig auf uns stürzen
und man ahnt, dass kahle Bäume
spinnen ihre Frühlingsträume,

wenn die letzten Sonnenstrahlen
rote Blätter gold' bemalen,
wenn die Früchte üppig reifen,
wir den Zahn der Zeit begreifen,

neue Weine abends trinken,
die in unsren Gläsern blinken,
und das Jahr so ganz galant
herbstlich hebt die Abschiedshand,

dann werd' ich zu einem Lober
solcher Stimmung im Oktober.

## November

Wenn Nebel wallen,
Winde stürmen
und Blätter sich
zu Haufen türmen,

wenn Tropfen trommeln,
Krähen krächzen,
sich Bäume biegen,
Äste ächzen,

wenn's früh schon dunkelt,
spät schon friert
und so der Winter
einmarschiert,

dann überkommt uns Müdigkeit.
Ja, das ist die Novemberzeit.

## Dezember

Wenn die Lichterketten blinken,
alle plötzlich Glühwein trinken,
wenn die Menschen dauernd feiern
und die alten Lieder leiern,

wenn sie eilen, hasten, laufen,
ständig irgendwo was kaufen,
wenn in langen Einkaufsnächten,
sie sich durch die Läden knechten,

wenn sich die Familien stressen,
Kalorien in Massen essen,
wenn es spannt in allen Nähten
und man plant schon die Diäten,

falte ich nur fromm die Hände,
bete fürs Dezember-Ende.

### Ode an ein Gemüse

Streift der erste Frost die Wiesen,
dann weiß ich, es ist so weit.
Dieses Wetter sei gepriesen:
Nun ist Kohl-und-Pinkel-Zeit.

Du wächst stolz wie eine Palme,
grün und schlank, du mein Idol.
Wenn ich schmatzend dich zermalme,
wird, oh Grünkohl, mir so wohl.

Gut gekocht und deftig duftend,
hügelst du dich auf dem Teller.
Über dir, sich rötlich rundend,
leuchten Pinkelwürste heller.

Ob nun Grütze oder Brägen,
was auch immer füllt die Wurst,
Kohl-mit-Pinkel ist ein Segen,
aber macht auch ziemlich Durst.

Lasst uns nicht den Schnaps vergessen,
denn das ist Ostfriesenart:
Nach 'nem guten Grünkohlessen
solch ein Schluck den Arzt erspart.

Ja, du König aller Köhler,
du brauchst einen Gegenpol,
liegst ein bisschen schwer im Magen:
Grünkohl, ich trink auf dein Wohl.

## Grünkohl-Sonett

Grün sind im Friesenland nicht nur die Wiesen,
grün ist im Friesenland selbst noch der Kohl.
Als Palme der Friesen wird er gepriesen,
genossen, begossen mit Alkohol.

Nicht im Oktober, wenn Herbststürme bliesen,
nicht im November, wenn's wehte von Ost,
erst wenn es kalt wurde bei den Ostfriesen
und auf den Äckern lag eisiger Frost,

dann gab es immer schon Grünkohl mit Würsten,
in dampfenden Töpfen gegart überm Herd,
dann gab es Schnaps und kein Mensch musste dürsten,
denn dieses Gericht war ihnen was wert.

Auch heute noch speisen sie Kohl wie die Fürsten
und Korn fließt in Strömen, so wie sich's gehört.

## Lob des Milchschäumers

Oh, kleines Gerät
mit so großem Effekt,
Grund täglicher Freude,
seit ich dich entdeckt!

Du hügelst die Milch mir
zu schaumigen Gipfeln,
die meinen Kaffee
schneeweiß-köstlich bewipfeln.

Oh, kleine Maschine!
Ich möcht' Dich nicht missen,
denn du verhilfst mir
zu großen Genüssen.

## Eiszeit

Gaumenschmeichler
Zungenkitzler
Zäpfchenkühler
Kehlenflitzer
Plombenreißer
Lippenspitzer
Mandelstreichler
Zähneblitzer

## Auf dem Holzweg

Viele Leute halten ihn
für den denkbar schlecht'sten Weg,
doch bei uns da gibt es einen,
der grad' diesen Namen trägt.

Holzweg wird der schöne Pfad
hier aus gutem Grund genannt,
denn er führt am Rand des Waldes
uns und andre durch das Land.

Manchmal ist er dunkel-schattig,
vornehm fast wie 'ne Allee,
manchmal sonnig, hell und heiter,
an den Rändern blüht der Klee.

Er führt uns vorbei an Feldern,
Pferde grasen auf den Weiden,
Bauernhöfe liegen still,
Kühe kau'n ihr Gras bescheiden.

Geht man ihn im Lauf des Jahres,
ändert er sich wunderbar
und der Wechsel in den Zeiten
eines Jahres wird ganz klar.

## Der Winter ist gekommen

Der Schnee fällt auf das Land,
gestreut mit leichter Hand.
Ich hör die weiße Stille,
ich fühl' den kalten Wind.
Der Winter ist gekommen,
das alte Jahr verrinnt.

Die Bäche frieren zu.
Die Wasser komm'n zur Ruh'.
Die Bäume träumen leise,
bedeckt mit Eis und Schnee.
Der Winter ist gekommen,
ich mach' mir'n heißen Tee.

Der Schnee fällt auf das Land,
gestreut mit leichter Hand.
Ich hör die weiße Stille,
ich fühl' den kalten Hauch.
Der Winter ist gekommen,
das neue Jahr kommt auch.

## Der Schnupfen

Wer Schnupfen hat, ist übel dran,
denn er muss sehr viel leiden.
Weil keiner ihn ertragen kann,
muss er zu Hause bleiben.

Die Nase tropft, der Hals der kratzt,
die Schleimhäute, die schwellen.
Die Stimme klingt wie eingeharzt,
der Husten wird zum Bellen.

Die Nächte werden ihm zur Qual,
der Mensch, er kann nicht schlafen.
Das Bett, es wird zum Jammertal,
wer will ihn bloß bestrafen?

„Oh, womit hab' ich das verdient?",
hört man ihn kläglich stöhnen.
Das Fieber steigt, die Laune sinkt,
es kann ihn nichts versöhnen.

Nach einer Woche ist's vorbei,
vielleicht nach sieben Tagen.
Doch irgendwie da fehlt ihm was -
er kann nun nicht mehr klagen.

## Unsre Zeit

Man kann sie nicht riechen,
man kann sie nicht schmecken,
doch kann man sie fühlen,
kann sie entdecken.

Man kann sie nicht sehen,
man kann sie nicht essen,
doch kann man sie hören
und sogar vergessen.

Man kann sie nicht kaufen,
man kann sie nicht borgen,
die Zeit, sie heißt gestern
und heute und morgen.

Die Zeit wird gestohlen,
sie heilt sogar Wunden,
sie wird auch gezählt
in Minuten und Stunden.

Die Zeit, sie kann still steh'n,
die Zeit sie kann schleichen,
doch nur die Gefühle,
die könn'n das erreichen.

Die Zeit heißt: Verändern.
Die Zeit heißt: Bewegen.
Die Erde, sie dreht sich.
Die Zeit ist das Leben.

Es dreht sich die Erde.
Es dreh'n sich die Sterne.
Es dreh'n sich Planeten
in unendlicher Ferne.

Wir woll'n uns verändern!
Wir woll'n uns bewegen!
Wir woll'n es genießen:
Unsre Zeit ist das Leben!

## Lebenszweck

Das Leben ist wie eine lange Reise:
Wir kommen an, wir fahren ab.
Und unterwegs lebt jeder auf die Weise,
die er für sich gefunden hat.

Der Zweck des Lebens ist nun mal das Leben
und jeder träumt so seinen Traum.
Bei allem wonach wir im Leben streben:
Gib deinen Träumen ihren Raum!

## Das Leben

Suchst du im Leben Lebensfreude
und geht das Leben einst zur Neige,
dann denke dran, oh Menschenkind,
dass wir beschenkt mit Leben sind!

## Regenbogen

Lachen und Weinen
Trauer und Wonne
Leben und Sterben
Regen und Sonne

## Von Sinnen

Sagt man „Jemand ist von Sinnen.",
denken wir, der ist verrückt.
Deshalb woll'n wir uns besinnen:
Sinn empfinden, das beglückt!

Sagt man „Jemand ist besonnen.",
steckt darin das Wörtchen Sonne.
Wir empfinden wahre Wonnen,
sinnen wir im Licht der Sonne

## Der Pessimist

Der Pessimist, der ist ein Mist,
der Trübsal bläst und triste ist.
Und weil er pessimistisch ist,
kommt von ihm leider nichts als Mist.

## Der Schatten

Ich wollte schon immer
über meinen Schatten springen,
doch es wollte und wollte
mir niemals gelingen.

Ging ich nach rechts,
so ging er gleich mit.
Schritt ich nach links,
tat auch er einen Schritt.

Dreht' ich mich um,
war er sofort weg.
Blickt' ich zurück,
kam er aus dem Versteck.

Auch hat es mich oft
um den Schlaf gebracht,
dass er einfach verschwand
in mondloser Nacht.

Nun hab ich verstanden,
wie einfach es geht:
Du musst überspringen,
was in dir steht.

## Guter Rat

Mancher mag das schnelle Fliegen.
Mancher mag in Ruhe laufen.
Mancher liebt das stille Liegen.
Mancher möcht' sich laut besaufen.

Mancher mag sich gerne paaren,
mancher lieber einsam sein.
Mancher trifft sich gern in Scharen.
Mancher bleibt mit sich allein.

Doch bei allen Unterschieden,
wichtig ist man ist zufrieden
Deshalb geb' ich diesen Rat:

Bist du nicht mit dir im Reinen.
möchtest toben, brüllen, weinen
bleibe bloß nicht separat!

## Roter Mohn

Es steht ein Baum in unserm Garten:
Schon lange wir auf Früchte warten.
Wir warten nun so lange schon
und vor dem Baum blüht roter Mohn.

Der Baum ist einst zu uns gekommen
von einem, der uns wurd' genommen.
An ihn erinnert lange schon
der Baum und vor ihm blüht der Mohn.

Wenn dieser Baum wird Frucht uns schenken,
dann werden wir an jene denken,
die nicht mehr da sind, lange schon.
Verblüht ist längst der rote Mohn.

## Deutscher Spaziergang 2007 - 2009
*(Kurt Tucholsky gewidmet)*

Schön ist die Parteienlandschaft
hinter'm alten deutschen Haus.
Rote Rosen, rosa Nelken
mischen sich zum bunten Strauß.

Stasispitzel, Stimmenfälscher,
Spätgebor'ner und Spion:
Alle diesen Blumen blühen
nicht nur in Opposition.

Manfred Stolpe, Gregor Gysi,
rote Sarah, La Fontaine:
Alle woll'n sie unser Bestes.
Ach wie ist die Welt so schön.

Und ich streife durch die Dörfer,
geh nach Süd, nach Ost und West,
höre da so manche Rede,
die mir keine Ruhe lässt:

"Viele Nazis waren Kämpfer
für ein neues Vaterland,
hatten sich doch bloß getarnt,
waren stets im Widerstand."

Stoiber-Ede, Oetting-Günter,
ob nun Saul und ob nun Paul,
ähneln irgendwie Kartoffeln:
Außen bräunlich, innen faul.

Plötzlich hör' ich ein Orchester,
es gibt ein vertrautes Stück.
Höre manch verstimmte Flöte,
schraurig-schräg schrillt die Musik.

Geigen, Pauken und Trompeten,
Leierklang und Harfenschall,
alle Klänge sind vertreten
rufen zum Parteienball.

Müntefering tanzt mit Beckchen,
Gerhard Schröder rockt mit Harz,
geh'n mit Angela ins Bettchen,
Herzen rot und Seele schwarz.

Auch die lieben Liberalen
hüpfen mit, ganz unverkrampft,
schwärmen für die Kapitalien:
„Nieder mit dem Klassenkampf!"

Runter die Vermögenssteuer!
Niemals einen Mindestlohn!
"Arbeit ist hier viel zu teuer.",
sagen sie seit Jahren schon.

Wellen-Guido, Rösler-Phillip,
so geschmeidig, smart und glatt,
möchten auch noch mit ins Bettchen,
waren nie fürs Zölibat.

Doch da wird mir gar so tümlich,
friedlich, grünlich um das Herz,
ein gemischter Müslichor

singt die reine Öko-Terz.

Steinewerfer, Anarchisten:
Ich erteilte diesen schon,
so wie manch Ex-Kommunisten
früher mal Absolution.

Joschka Fischer und Trittinchen
machten bunter diese Welt
wie bescheidene Zucchini,
außen grün und innen gelb.

Endlich kommt ein Hoffnungsträger,
der ist jung und ein Baron,
hat gedient als Alpen-Jäger
und schon jubelt die Nation.

Nur die Spekulanten zittern,
haben Angst um Lohn und Brot,
wähnen sich schon hinter Gittern,
fühlen sich fast so wie tot.

Und das Volk der braven Deutschen
macht das Kreuz am rechten Fleck.
Ja, man macht den Bock zum Gärtner
und schon ist die Krise weg.

## Das Lied vom Kompromiss anno 2009
*(Kurt Tucholsky gewidmet)*

Manche tanzten lange schon ein Tänzchen,
unbemerkt vom großen Publikum.
Nach der Wahl vergisst man Dissonänzchen
schnell, man will ins Ministerium.
    Freundlich schau'n die Schwarzen und die Grünen
    auf die Gelben: Wer wird sich erkühnen?
    Jeder wartet, wer zuerst es wagt,
    bis der eine zu dem andern sagt:

Schließen wir 'nen kleinen Kompromiss!
Davon hat man keine Kümmernis.
Einerseits - und andrerseits -
so ein Ding hat manchen Reiz...
Sein Erfolg in Deutschland ist gewiss:
Schließen wir 'nen kleinen Kompromiss!"

Seit Oktober schwärmt man von Jamaica,
findet dessen Landes-Farben toll.
Mancher Fotograf zückt seine Leica
und er knipst die Speicherkarte voll.
    Herbert Ulrich hakt sich ein bei Müller,
    ja, der ist als Tänzer nun ein Knüller!
    Guido Westerwelle, der hat Spaß
    und er sagt: „Du, Angie, weißt du was?"

Schließen wir 'nen kleinen Kompromiss!
Davon hat man keine Kümmernis.
Einerseits - und andrerseits -
so ein Ding hat manchen Reiz...
Sein Erfolg in Deutschland ist gewiss:

Schließen wir 'nen kleinen Kompromiss!"

Lange zierte sich die liebe, gute,
nette, alte Tante SPD.
Immer wieder zog sie eine Schnute,
hielt Die Linke für die SED.
    Doch der Wowi in Berlin tanzt lang (Oh!)
    schon mit roten Socken einen Tango.
    Deshalb sagt er: "Platzeck, weißt du was?
    Rot mit Rot, das ist doch wirklich krass!"

Schließen wir 'nen kleinen Kompromiss!
Davon hat man keine Kümmernis.
Einerseits - und andrerseits -
so ein Ding hat manchen Reiz...
Sein Erfolg in Deutschland ist gewiss:
Schließen wir 'nen kleinen Kompromiss!"

Seit Oktober tanzt man fast mit jedem,
ja, das ist doch wirklich angenehm.
Man kann heute über alles reden,
in Opposition ist es nicht schön.
    Int'ressiert uns das Geschwätz von gestern?
    Wir woll'n nicht mehr über andre lästern!
    Heute sag'n wir dies und morgen das.
    Lieber Wähler, warum wirst du blass?

Und durch Deutschland geht ein tiefer Riss.
Gibt es dafür einen Kompromiss?
Einerseits - und andrerseits -
so ein Ding hat manchen Reiz...
Und durch Deutschland geht ein tiefer Riss.
Dafür gibt es keinen Kompromiss!

**An die Jugend 2012**

In Fukushima explodiert ein AKW.
Frau Merkel ruft angeblich eine Wende aus.
Ihr träumt von Autos Marke BMW
und einem Einfamilienhaus.

In Afrika, da pflücken Kindersklaven den Kakao.
In Asien näh'n sie auch für C&A.
Ihr ignoriert den Super-GAU
und gelt und färbt euch ungerührt das Haar.

In Griechenland, da kollabiert der Staat.
Die Reichen leb'n in Saus und Braus.
Ihr habt ein Handy (Oh, wie smart!)
und gebt das Geld für Apple aus.

In Indonesien roden sie den Wald.
Im Meer da rotten sie die Wale aus.
Ihr habt's noch immer nicht geschnallt
und macht es lieber wie der Vogel Strauß:

Ihr schaut nicht hin und lasst euch bloß regieren.
Ihr habt ja Fernseh'n, Smart-Phone und PC,
trefft euch bei Facebook, denn ihr wollt euch amüsieren.
Ich hoffe, irgendwann da sagt ihr: Nee!

## Kauf 'ne BILD!

Kauf 'ne Bild, kauf 'ne BILD,
weil diese Zeitung so wie Deutschland fühlt.
Hast du dieses Blättchen erst mal in der Hand,
dann weißt du wie es steht ums deutsche Vaterland.

Wir sind Deutschland, und wir sind der Papst.
"Papa Ratzi" macht uns allen Spaß.
Woher ich das weiß? Ich las es heute in der BILD.
Dieter Bohlens Sprüche sind so cool.
Westerwelle war schon immer schwul.
Woher ich das weiß? Ich las es heute in der BILD.

Kauf 'ne Bild, kauf 'ne BILD,
weil diese Zeitung so wie Deutschland fühlt.
Hast du dieses Blättchen erstmal in der Hand,
dann weißt du wie es steht ums deutsche Vaterland.

Wolfgang von Goethe ist schon lange tot,
doch zum Glück hab'n wir Verona Pooth.
Woher ich das weiß? Ich las es heute in der BILD.
Und kürzt man den Lehrern endlich das Gehalt,
dann siegen wir bei PISA sicher bald.
Woher ich das weiß? Ich las es heute in der BILD.

Kauf 'ne Bild, kauf 'ne BILD,
weil diese Zeitung so wie Deutschland fühlt.
Hast du dieses Blättchen erstmal in der Hand,
dann weißt du wie es steht ums deutsche Vaterland.

Ausländer nehmen uns die Arbeit weg.
Sie sind kriminell und sie machen Dreck.

Woher ich das weiß? Ich las es heute in der BILD.
Jede Moschee ist ein Terror-Nest.
Und Frauen mit Kopftuch geben uns den Rest.
Woher ich das weiß? Ich las es heute in der BILD.

Kauf 'ne Bild, kauf 'ne BILD,
weil diese Zeitung so wie Deutschland fühlt.
Hast du dieses Blättchen erstmal in der Hand,
dann weißt du wie es steht ums deutsche Vaterland.

Unsre Banken, die sind wirklich arm.
Harzvier-Empfänger hab'n es viel zu warm.
Woher ich das weiß? Ich las es heute in der BILD.
Ossis machen jeden Montag blau.
Herr Ackermann ist 'ne arme Sau.
Woher ich das weiß? Ich las es heute in der BILD.

Kauf 'ne Bild, kauf 'ne BILD,
weil diese Zeitung so wie Deutschland fühlt.
Hast du dieses Blättchen erstmal in der Hand,
dann weißt du wie es steht ums deutsche Vaterland.

Die deutsche Industrie ist spitze,
drum braucht sie eine Abwrack-Spritze.
Woher ich das weiß? Ich las es heute in der BILD.
Und am deutschen Banken-Wesen,
wird einst die ganze Welt genesen.
Woher ich das weiß? Ich las es heute in der BILD.

Kauf 'ne Bild, kauf 'ne BILD,
weil diese Zeitung so wie Deutschland fühlt.
Hast du dieses Blättchen erst mal in der Hand,
dann weißt du wie es steht ums deutsche Vaterland.

## Benno Buskohl

Benno Buskohl liebt sein Auto
vielleicht mehr als seine Frau.
Und er parkt es parallel
in der Einfahrt ganz genau.

Ganz genau in seiner Einfahrt
steht er gern und schaut verliebt,
wenn er seinem Wonne-Wagen
ein paar Streichelschübe gibt.

Ein paar Streichelschübe hätte
gerne auch mal seine Frau,
doch sie ist nun mal nur blond,
leider nicht metallic-grau.

Grau-metallic ist sein Auto,
aber nicht die liebe Frau,
Benno Buskohl parkt es immer
parallel und ganz genau.

Ganz genau hat eines Tages
Benno einen Baum erwischt,
denn da ist er viel zu schnell
von der Arbeit heim gezischt.

Heim gezischt ist er jetzt selber,
unser Benno ruhet nun
sanft und gräulich wie sein Auto.
Was wird seine Frau wohl tun?

Stellt das reparierte Fahrzeug

in die Einfahrt ganz genau
und sie denkt an ihren Benno,
wie er ruhet sanft und grau.

Später färbt sie sich die Haare
- grau-metallisch strahlt die Pracht -
hat auf asphaltgrauer Strecke
ganz genau sich umgebracht.

## Vom Wiegen

Manche haben vom Kinderkriegen
später immer noch Probleme.
Helfen tun nicht Theoreme,
will man abnehm'n, muss man wiegen.

Manche machen PISA-Studien:
Um zu lernen wird gewogen,
zum Erziehen wird gezogen.
Doch 's sind alles nur Präludien.

Höre lieber Zeitgenosse:
Du sollst über dies nicht lachen!
Dies ist niemals eine Posse,

Bildung darf doch nicht verflachen!
Deshalb schrieb ich diese Glosse:
Wiegen, wagen, Neues machen.

## Denkmal

Denkmal?
Denk?
Mal?
Denk mal!

## Aurich ist 'ne schöne Stadt

Aurich ist 'ne schöne Stadt,
die so manches Schmuckstück hat.
Lasst euch bitte nicht verstö(h)ren,
Aurich will ich Treue schwören.
Denn wo sonst ist's so beschaulich,
so urban und doch so traulich
als an diesem kleinen Ort?
Niemand bringt mich von hier fort!
Aurich ist 'ne Stadt mit Herz,
und das sag ich ohne Scherz:
Aurich ist 'ne schöne Stadt,
die wirklich ganz viel Seele hat.

Seht den „Kalorienhof",
wer da rein geht, ist nicht doof.
Unten Schnapp und oben Schnäppchen
und dazwischen mal ein Häppchen,
Pizza-Düfte wolkig weh'n,
in den Ecken Sheriffs steh'n,
Dinis Disco macht bald auf:
Coole Kids im Dauerlauf.
Wenn die Schinkenbrötchen winken,
muss ich schnell noch einen trinken.
Bin so müde und so matt,
bin so voll und völlig satt.

Auf dem Marktplatz steht ein Käfig,
der steht sicherlich für ewig,
außen Plastik, innen Bio,
eine Saft-Bar wie aus Rio.
Fischbratduft aus Fenstern dampft,

mancher Touri koggt und mampft,
silbern blitzt ein steiler Turm,
der hält Stand wohl jedem Sturm.
Und das rosa-rote Pflaster
schimmert rein wie Alabaster.
Gülden glänzt das Bronze-Schwein,
funkelt fett im Abendschein.

Ach, der schöne ZOB
dort inmitten der Allee,
zierlich wölben sich die Kuppeln,
Busse in die Runde huppeln.
Zwischen großen, greisen Bäumen
kann man von der Ferne träumen,
doch fürs weite Reiseglück
reist man erst ein Stück zurück:
Will man über Schienen fahren,
darf man Geld und Zeit nicht sparen.
Einen Bahnhof gibt's hier nich',
das wär' doch auch verwunderlich.

Auch in Aurich liebt man Kunst,
von Kunst da hat hier jeder Dunst.
Auf den Straßen, unter Uhren,
überall sieht man Figuren.
Pferde, Hühner, Ziege Schwein,
wem fällt noch 'ne Tierart ein?
Ein verspieltes Warenhaus
schüttet nun sein Füllhorn aus:
Robben dürfen drollig spielen
und nach hübschen Fischlein schielen.
Alle finden's tierisch gut,
loben den Mäzenen-Mut.

Aurich wird ja täglich schöner,
sehr doch nur mal die Arena!
Bauhausmäßig die Fassade,
nichts ist krumm und alles grade!
Doch nach vielen, fetten Jahren,
wusst' man, Aurich muss nun sparen.
Deshalb kam das meiste Geld
dafür aus der Bankenwelt.
Und so leuchtet an der Wand
groß ein Schriftzug, der bekannt.
Fährt man heut' nach Aurich rein,
weiß man, Banker müsst man sein!

Ja, in Aurich soll es brummen,
deshalb investiert man Summen
in ein neues Wohlfühlbad,
das 'ne Megarutsche hat.
Man saniert die ganze Stadt,
weil man so viel Kohle hat,
und das neue EEZ
macht die Stadt dann erst komplett.
Ja, in Hamburg und Berlin
kriegt man so was gar nicht hin.
Doch in uns'rer schönen Stadt
findet gute Planung statt.

Seht! Der neue Georgswall,
der ist wieder so ein Fall:
Hier gibt's Aurich's längsten Rasen,
auf dem Wackelschafe grasen.
Vor dem Rathaus gibt's Fontänen,
die muss ich nun auch erwähnen.
Keiner weiß, wann sie ersprießen,

Schilda lässt uns wieder grüßen.
Und vorm ollen Pingelhus
zeigt sich wahrer Genius:
Damit jeder es versteht,
steht im Wasser worum's geht.

Und die clev're Kaufmannschaft
klotzt mit ihrer Einfallskraft:
Pfälzer Weinfest, Schnäppchentage,
was kommt außerdem in Frage?
Noch ein Fest und noch ein Los,
ohne Moos ist hier nichts los,
ein bekanntes Autohaus
stellt heut' auf dem Marktplatz aus.
Silbrig glitzern die Fassaden
an so manchem neuen Laden.
Mancher alte gibt nun auf:
Endlich wieder Ausverkauf!

Jedes Jahr ist Weihnachtsfest,
was manchem keine Ruhe lässt.
Und so fragt die Kaufmannschaft
sich, was Kunden glücklich macht.
Man zermartert sich den Sinn
und erinnert sich an Grimm.
So ein Haus, gebaut aus Kuchen,
würd' ein jeder wohl besuchen.
Und die Halle auf dem Markt
wird in Folie eingepackt.
Ist vom Glühwein man bezecht,
findet man dies Haus wohl echt.
Irgendwann ist es so weit,
es ist wieder Stadtfestzeit.

Bratwurstbuden, Ouzo-Schenken,
alles isst und steht an Tränken.
Wie sie sich dann vorwärts schieben,
keiner ist zu Haus geblieben.
Alles muss jetzt in die Stadt,
angespornt vom Blöden-Blatt,
muss sich kollektiv besaufen,
fühlt sich groß im großen Haufen.
Die Luft riecht süß und säuerlich,
mir ist so schrecklich heimatlich.

## Guten Zeiten für Bankräuber

Schon Bertolt Brecht wusst' manches besser
und ließ verkünden Mackie Messer:

Wer mit Gewalt beraubt 'ne Bank,
der ist doch blöd und geistig krank!
Denn Bess'res ist wohl kaum zu finden,
als eine Bank höchst selbst zu gründen.

Man leert die Konten ganz legal,
man ackert nicht, man meidet Qual,
verspricht dem Kunden hohe Zinsen,
schenkt ihm, geht's schief, ein hohles Grinsen,
sagt einfach, ich bin insolvent,
und er, der Kunde, hätt' gepennt.

Man weiß zudem, in der Regierung
steckt viel Gier und wenig Führung.
Auch wird man sicher nicht vergessen
die Einladung zum Arbeitsessen.

Und gibt es schließlich ein paar Krisen:
Was soll's? Der Staat, der zahlt die Miesen.

### Die Moritat von Benny Banker
*(Bertolt Brecht gewidmet)*

Und der Haifisch, der hat Zähne
und die trägt er im Gesicht.
Benny Banker, der hat Waffen,
doch die Waffen sieht man nicht.

Ach es sind des Haifischs Flossen
rot, wenn dieser Blut vergießt.
Benny Banker fälscht Bilanzen,
dass man keine Untat liest.

Unterm griechisch-blauen Himmel
fällt ein Staat ganz einfach um.
Es ist nicht die Schweinegrippe,
doch der Benny weiß warum.

Manches Geld, das bleibt verschwunden
von so manchem armen Mann.
Und das Geld, das hat der Benny,
dem man nichts beweisen kann.

Und der Staat muss immer zahlen,
kauft so manche schlechte Bank.
Benny Banker zählt die Kohle
und er lacht und lacht sich krank.

Und der Benny hat Geburtstag
und die Kanzlerin lädt ein.
Sie schmeißt eine tolle Party,
Benny freut sich ungemein.

Benny Bankers beste Freunde
sitzen auch im Parlament
und sie geh'n mit ihm auf Kreuzfahrt,
weil er ihre Schwächen kennt.

Eine Insel heißt Mallorca,
Benny hat dort ein schönes Haus.
Manches hohe Tier nebst Gattin
geht dort gerne ein und aus.

Und ein schwarzes Zimmermädchen,
deren Namen keiner weiß.
sagte aus, sie wurd' geschändet.
Benny, welches war dein Preis?

## Gebet eines Bankers

Markt globaler
Der Du bist ein Himmel
Geheiligt werde Dein Name
Dein Reich komme
Deine Willkür geschehe
Wie in Amerika
So auch auf Erden

Unsren täglichen Bonus gib uns heute
Und erlass uns unsre Schulden
Aber wir nichts unsren Schuldigern
Und führe den Staat nicht in Versuchung
Sondern erlöse uns von den Steuern
Du machst uns so reich
Durch die Kraft und die Unehrlichkeit
In Ewigkeit
Amen

## Wachstumsbeschleunigungsgesetz

groß
größer
am größten

schnell
schneller
am schnellsten

reich
reicher
am reichsten

pleite

## Gut gemeinter Ratschlag an unsre MdBs

Dreht Euch nicht um,
die Krise geht herum!

Hier geht's um Reichtum und um Macht
und deshalb wird nicht nachgedacht!

Dreht Euch nicht um,
die Dummheit geht herum!

Wer nicht gehorcht und sogar lacht,
dem wird der Buckel blau gemacht!

Eins, zwei, drei ins faule Ei,
hörst du nicht auf die Partei!

## Globale Früchte
*(Kurt Tucholsky gewidmet)*

Sinnend geh ich durch den Garten
der globalen Politik.
Alles ist so wohl geraten,
darum ruht jetzt die Kritik.

Unsre Welt ist nun viel wärmer,
alles wächst, auch die Natur.
Ach ich werde glatt zum Schwärmer,
denk ich an die Konjunktur.

Auch die Reichen wollen leben.
Und das Leben hat sein'n Preis.
Wir soll'n geben und nicht nehmen!
Und die Welt dreht sich im Kreis.

Überall da blüht die Arbeit.
Dank gebührt dem Kapital!
Auf der ganzen Welt da brummt es,
denn wir leben so global.

Kleine, feine Arbeitsplätze
sprießen auf in West und Ost.
Firmen weben ihre Netze,
ja, vorbei ist nun der Frost!

Auch die Reichen wollen leben.
Und das Leben hat sein'n Preis.
Wir soll'n geben und nicht nehmen!
Und die Welt dreht sich im Kreis.

Öl und Gas in Hüll' und Fülle,
Nahrungsspeicher übervoll.
Hähnchenkeulen aus Europa
finden Afrikaner toll!

Doch den allergrößten Fortschritt,
seh' ich bei der Medizin:
Reparier'n von Gendefekten
ist normal wie Aspirin.

Auch die Reichen wollen leben.
Und das Leben hat sein'n Preis.
Wir soll'n geben und nicht nehmen!
Und die Welt dreht sich im Kreis.

Plötzlich kommt da eine Krise:
Ach, du Schreck! Ich wundre mich.
Denn die Welt war doch so schön,
mir war grad so weihnachtlich.

Kurse stürzen, Banken krachen,
Furcht und Elend überall.
Das ist wirklich nicht zum Lachen,
diese Krise ist brutal!

Auch die Reichen wollen leben.
Und das Leben hat sein'n Preis.
Wir soll'n geben und nicht nehmen!
Und die Welt dreht sich im Kreis.

Banker geh'n an Bettelstäben.
Millionäre krieg'n Harz-Vier.
Jeder soll nach Wohlstand streben.

Keiner kann doch was dafür.

Deshalb lasst uns Steuern senken
für das arme Kapital!
Alle sollten christlich denken,
auch Moral ist nun global!

Denn auch Reiche wollen leben.
Und das Leben hat sein'n Preis.
Wir soll'n geben und nicht nehmen!
Und die Welt dreht sich im Kreis.

## Was Kinder brauchen

Kinder brauchen wen zum Spielen,
wen zum Streicheln und zum Fühlen.

Kinder brauchen Platz zum Toben
und Erwachs'ne, die sie loben.

Kinder brauchen ihre Mutter
sehr viel mehr als den Computer.

Kinder brauchen ihren Vater
auch viel mehr als ihren Kater.

Kinder brauchen ganz viel Liebe
und bestimmt nicht etwa Hiebe.

Doch die Eltern, muss ich  sagen,
brauchen Kinder, die ein  "Danke!" wagen.

## Unsre Sinne

Unsre Zunge, die kann schmecken,
formt die Wörter mit Geschick,
sie lässt sich dazu bewegen,
vorwärts, seitwärts und zurück.
Unsre Nase ist 'ne Vase
nicht für Blumen doch für Duft.
Wenn wir damit etwas riechen,
atmen wir zugleich die Luft.

    Unsre Sinne, die sind kostbar,
    sind mehr wert als alles Geld.
    Denn wir wollen sie erleben
    unsre schöne, bunte Welt.
    Wir woll'n schmecken, riechen, fühlen
    was das Leben uns so bringt.
    Wir woll'n sehen und auch hören,
    wie die Welt sich dreht und klingt.

Unsre Ohren sind zum Hören
und das können sie sehr gut.
Du sollst aber nicht drin bohren.
Das ist wichtig! Absolut!
Unsre Augen wollen schauen:
Licht und Farbe sind ein Glück!
Wenn wir lächeln oder lachen,
strahlen sie das Glück zurück.

    Unsre Sinne, die sind kostbar,
    sind mehr wert als alles Geld.
    Denn wir wollen sie erleben
    unsre schöne, bunte Welt.

Wir woll'n schmecken, riechen, fühlen
was das Leben uns so bringt.
Wir woll'n sehen und auch hören,
wie die Welt sich dreht und klingt.

Unsre Haut, die kann gut fühlen,
deshalb ist sie auch so weich.
Wenn wir streicheln oder kitzeln,
spürt die Haut das immer gleich.
Viele glaub'n, wir hab'n fünf Sinne
und 'nen sechsten gibt es nicht.
Falsch gedacht ihr Neunmalklugen!
Der sechste Sinn heißt Gleichgewicht.

Unsre Sinne, die sind kostbar,
sind mehr wert als alles Geld.
Denn wir wollen sie erleben
unsre schöne, bunte Welt.
Wir woll'n schmecken, riechen, fühlen
was das Leben uns so bringt.
Wir woll'n sehen und auch hören,
wie die Welt sich dreht und klingt.

## Unsre Hände

Unsre Hände sprechen Bände,
halten fest und lassen los,
machen Fäuste, können streicheln,
ganz egal ob klein, ob groß.

Unsre Hände können fühlen,
streicheln, kitzeln, sogar kühlen,
können uns zum Lachen bringen
und begleiten uns beim Singen.

Unsre Hände sind verschieden.
Unsre Hände sind nicht gleich.
Doch sie sind ganz einfach Hände.
ganz egal, ob arm, ob reich.

Leider können sie auch schlagen
und die schlimmsten Dinge sagen.
Sie könn'n hetzen und verletzen,
aber auch sich widersetzen.

Unsre Hände sprechen Bände,
halten fest und lassen los.
Wir könn'n damit viel bewirken.
Unsre Hände sind famos!

## Lob des Apfels

Oh süße, saure Frucht!
Ich finde dich toll, du bist 'ne Wucht!
Man sagt, du stammst aus dem Paradies.
Vielleicht bist du deshalb so sauer-süß?

Ja, schon im alten Griechenland
da warst du weit und breit bekannt:
Die schönste Frau, die sollte siegen,
als Preis 'ne Paradiesfrucht kriegen.

Bei Frau Holle und Schneewittchen kommst du vor,
besungen hat dich so mancher Chor.
Es berichtet von dir auch schon die Bibel.
Manch Kind buchstabierte dich in seiner Fibel.

Bei vielen da giltst du als Medizin,
denn man weiß, du hast so viel Vitamin.
Bist besser noch als Aspirin,
man sollte dich rauchen statt Nikotin.

Du wirst gegessen als Kompott
und dazu kocht man dich in einem Pott.
Du wirst genossen auch als Wein.
Sogar noch getrocknet schmeckst du fein.

Doch nicht nur als Wein, sondern auch als Saft
mundest du gut und gibst uns Kraft.
Auch in der Form von Apfelkuchen
sollte man dich oft versuchen.

Mit deinen Blüten, gefiltert als Tee,

machst du uns gesund von Kopf bis Zeh.
Du hältst unsern Körper fit und schlank.
Du wirkst wie ein echter Zaubertrank.

Nun sagt sicher mancher, das klingt fast nach Sucht
und nicht wie das Lob einer schlichten Frucht.
Ich geb' offen zu, ich krieg' nie genug.
Ohne täglichen Apfel bin ich auf Entzug.

## Lob der Karte

So 'ne Karte muss man loben,
denn sie zeigt die ganze Welt
klitzeklein und so von oben,
was uns gut gefällt.

Bist du an 'nem fremden Ort,
weißt du nicht den richt'gen Pfad,
führt sie dich ans Ziel sofort,
ob zu Fuß, ob bei der Fahrt.

Schon die alten Seepiraten
nutzten sie für manchen Platz,
um auch später noch zu finden
ihren Räuberschatz.

Heute gibt's den Navigator
und so denkt manch schlauer Wicht:
Karten braucht man nun nicht mehr,
doch ohne Strom geht Navi nicht!

Deshalb lern' das Kartenlesen!
Sei nicht dumm, mein Kind, sei schlau!
„Ohne Lesen nichts gewesen!"
gilt für dich und Mann und Frau.

## Der Zauberlehrling

Ach, unser guter Wolfgang Goethe,
der brachte viele schon in Nöte,
Ob "Zauberlehrling", "Erlenkönig",
muss man die lernen, ist's nicht wenig!

Doch schrieb der Goethe gute Sachen,
zum Denken, Grübeln und zum Lachen.
Und auch der Lehrling mit dem Besen
erklärt für uns des Menschen Wesen.

Nichts ahnte er von Fukushima,
noch wusst' er was von unserm Klima.
Doch Goethe zeigt uns, liebes Kind,
wie überheblich Menschen sind.

Und er sagt uns: "Ruft ihr die Geister,
dann seid euch sicher: Ihr seid Meister!"

**Rätsel 1**

Ich habe Blätter, bin kein Baum,
bin wie geträumt, doch bin kein Traum.

Ich werd' gedruckt und werd' gedrückt
und manchmal bin ich auch verrückt.

Kann unterhalten ohne Strom,
bin aus Papier und nicht aus Chrom.

Der Name steht auf meinem Rücken.
Ich kann beglücken und entzücken.

Nun rate mal: Versuch macht klug:
Ich bin kein Mensch, ich bin ein....

**Rätsel 2**

Kannst mich nicht riechen,
mich nicht schmecken,
doch mich überall entdecken.

Kannst mich hören
und nicht sehen,
aber fühl'n wenn Winde wehen.

Geb' den Menschen und dem Vieh
jeden Tag viel Energie
und die allergrößten Flammen
fallen ohne mich zusammen.

Ich kann drücken.
Ich kann tragen.
Ich kann jammern.
Ich kann klagen.

Ich kann heben.
Ich kann schweben.
Manchmal scheint's,
als würd' ich leben.

Ich bring' dir die schönsten Düfte.
Meine Mehrzahl die heißt …

### Rätsel 3

Brüllt wie ein Stier,
doch ist's kein Tier
und hat es keine Zähne.

Drei Beine hat's
wie andere vier
und trägt auch keine Mähne.

Ist nicht aus Papp',
hat eine Klapp'.
man nennt es Klimperkasten.

Es ist sehr schwer
und populär
und hat ganz viele Tasten.

Nun sag' geschwind,
mein liebes Kind,
was ist das für ein Kasten,

der so schön singt
und so schön klingt,
haut man auf seine Tasten?

**Rätsel 4**

Man tötet ein Tier
für das tönende Fell.

Man schlägt einen Baum
für das hölzern' Gestell.

Man reißt aus der Erde
das Erz für den Ring.

Doch wenn man es spielt,
lebt das dreifache Ding.

## Tierliebe

*(Wilhelm Busch und den ostfriesischen Kleintierzüchtern gewidmet)*

Mancher gibt sich viele Müh'
mit dem lieben Federvieh;
einesteils der Eier wegen,
welche diese Vögel legen;

zweitens: weil man dann und wann
einen Braten essen kann;
drittens aber nimmt man auch
ihre Federn zum Gebrauch.

Doch so mancher gute Wicht
ist darauf nicht so erpicht.
Er freut sich an and'ren Sachen,
die ihm auch viel Freude machen.

Lieber sonnt er sich im Glanz
einer schmucken Rasse-Gans.
Und ein stolzer Sieger-Hahn
weckt in ihm den Schönheitswahn.

Kurz, er ist Geflügelfreund,
der es gut mit Vögeln meint.
Diese will er nicht verspeisen,
sondern lässt sie nur vergreisen.

Und so mancher gute Mann
schaut sich gern auch Hasen an.
Diese hab'n ein schmuckes Fell,
und sie machen kein Gebell.

Ja, es sind gar viele Männer
Hasen- und Kaninchenkenner.
Solch ein Tier das kann man schmusen
und es drücken an den Busen.

Ach, es gibt kein schön'res Bild
als 'nen Mann - den Blick so mild -
der mit allergrößtem Charme
trägt ein Häschen auf dem Arm!

An so manchem, schönen Tier,
da hat Mann also Pläsier.
Doch - du fragst dich irgendwann:
Warum zieht's ihn in den Bann?

Ist der Mann denn nur so schlicht,
dass er liebt, was gar nicht spricht?
Oder ist so manche Frau
ihm ganz einfach viel zu schlau?

Ist es so, dass mancher Mann,
Tiere besser lieben kann,
weil sie ihn nur selten stören
und auf sein Kommando hören?

Nun, ich glaube es ist Flucht
und vielleicht ein bisschen Sucht:
Denn ein Tier liebt einfach jeden
und will überhaupt nicht reden.

Deshalb ist das Tier, wie's scheint,
eines Mannes bester Freund.
Und aus schierem Zeitvertreib

liebt er ab und zu ein Weib.

## Tierkunde

Tiere halten viele Leute
leider nur für blöd'.
Dabei sind sie wirklich schlau
und auch gar nicht öd'.
Man weiß zum Beispiel,
dass Delfine miteinander sprechen
und Schimpansen mit Werkzeugen
Nüsse aufbrechen.

Fledermäuse fliegen nachts
mit Ultraschallradar.
Elefanten, die erinnern
was vor fünfzig Jahren war.
Bienen können tanzen
und sie zeigen sich den Weg.
Denn beides war und ist
nun mal kein Menschenprivileg.

Tiere leisten ziemlich viel
auf dieser schönen Welt.
Doch viele Menschen seh'n das nicht,
drum hab ich's euch erzählt.
Ich sage es nun hier noch mal,
nun hört mir endlich zu:
Tiere, die sind fast genau
so schlau wie ich und du

## König der Meere

König der Meere, du grauer Gigant.
König der Meere, du bist uns verwandt.
König der Meere, du schwimmst um die Welt.
König der Meere, weil's dir so gefällt.

Du singst deine Lieder seit ur-langer Zeit,
du hast eine Sprache und du bist gescheit.
Du Tänzer der Tiefe schwimmst so elegant.
Du hilfst deinen Freunden und du bist gewandt.

Der Klang deiner Stimme, der ist sonderbar,
doch im Reich aller Meere, da bist du der Star.
Du fühlst so wie wir, in dir fließt warmes Blut,
besitzt eine Seele und tust Menschen gut.

König der Meere, du grauer Gigant.
König der Meere, du bist uns verwandt.
König der Meere, du schwimmst um die Welt.
König der Meere, weil's dir so gefällt.

Man hat dich geschunden, gequält und geplagt,
gesucht und gefunden, getötet, gejagt.
Man hat jedes Stück deines Körpers benutzt,
mit Strömen von Blut unsre Meere beschmutzt.

Zu oft sahn wir dich, gestrandet im Sand.
Du Wesen des Wassers, du stirbst an Land!
Für zu viele Menschen zählt nur Eigennutz.
Schon lang wissen wir, du brauchst unseren Schutz.

**Der Affe**

Ein Affe mit Vornamen Koko,
der lebte so froh am Limpopo.
Als im Po Sand er fand,
fand er das imposant
und er kratzte sich fröhlich am Popo.

## Der Kakadu

Es träumte einst ein Kakadu
vom Popocatepetl,
der lebte leider lange schon
im Käfig bei der Gretel.
Auch träumte er voll Weh
vom Titicacasee.
Doch Gretel blieb in Bethel.